\ 我是公主命！不是公主病！/

謝謝你
把我當公主

插畫界國民COUPLE

圖文／啾啾妹—LIIN

序

當初會畫啾啾妹與卡爾的故事純粹是誤打誤撞！從來沒有想要以老師的身分教大家怎麼霸凌男友、怎樣跟男友相處才是對的，只是很單純分享我們的故事，雖然啾啾妹常自稱是公主，但我想跟各位女孩們說：

「我們自己的幸福不要全部仰賴男人，若他們願意疼我們、寵我們的話，是我們命好！如果他們不願意，我們也可以自己創造自己的幸福！總是要求男人對我們怎樣怎樣才算好男人，他們也會壓力很大，反而會覺得我們有公主病要求一大堆。」

本書含有趣的心理測驗，測驗你屬於什麼樣的公主、教你如何改變心境創造自己的公主命、還有粉絲團過去的插畫重溫，帶你了解各式各樣的公主，最後還記錄了啾啾妹與卡爾相識、曖昧、告白、相處的過程，希望各位北鼻們可以從本書更了解啾啾妹跟卡爾不為人知的一面。

注意

啾啾妹與卡爾的故事不代表所有情侶的立場，每個人相處的模式不同、個性不同，想法就會不一樣，千萬不要試著改變另一半，以免造成傷害，一切圖文僅供娛樂參考。

關於公主

關於公主的身體構造、生辰八字解密

公主命的養成

公主命是一種心境上的境界而不是物質上的豐裕,只要生活得開心滿足,就會覺得自己像公主般幸福!

chapter 3

各式各樣的公主

公主啾啾妹也並非總是蠻橫不講理，看看她的天敵木頭腦卡爾怎麼整她！

chapter 4

公主問題一大堆

集結公主啾啾妹愛問的問題，加上問題分析讓男友們更清楚問題背後的意義。

chapter 5

啾啾妹的誕生

啾啾妹與卡爾的相遇過程首次公開！到底是什麼樣的（孽）緣讓卡爾遇上啾啾妹呢？

名稱：雪莉貓
年齡：？？歲
興趣：看戲
專長：說風涼話

名稱：啾啾妹
年齡：5歲
興趣：裝可憐
專長：霸凌男友

名稱：卡爾
年齡：6歲
興趣：疼女友
專長：自我療癒

名稱：法拉力哥
年齡：6歲
興趣：喝酒把妹
專長：搶走卡爾

名稱：小咪公主
年齡：5歲
興趣：耍浪漫
專長：原諒男友

名稱：藍藍褲
年齡：5歲
興趣：看笑話
專長：四川話

chapter 1

關於公主

關於公主的身體構造、生辰八字解密

腦 時常幫男友編寫愛情故事，女主角從fb好友名單裡找。

眼 擅常用餘光觀察男友，雷射激光可致命，必要時可3秒落淚。

鼻 喜歡男友身上味道，嗅覺敏感但聞不到自己的頭臭味。

嘴 平常講話高貴緩慢，生氣時速度媲美投資風險廣告詞。

心 愛面子、愛逞強、愛賭氣，實際上是不折不扣的玻璃材質。

胃 少量多餐，永遠估不準自己的食量。

手 打不開瓶蓋，但單手可提五袋購物袋。

腳 有車坐不走路，能坐著不站著，能躺著不坐著，專心培養腳肌萎縮。

（單姓：筆畫+1
複姓：兩字筆畫）

天格
13畫

人格
25畫

地格
20畫

總格32畫

命格：能動能靜的個性
較沒耐心、脾氣不穩定

愛情模式：比較會鬧情緒
　　　　　覺得對方不講理

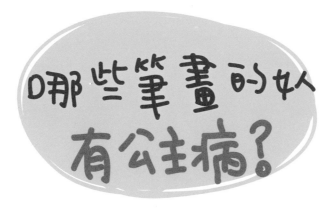

哪些筆畫的妳
有公主病?

天生愛面子型
任一格局筆畫含：31、18、28、23、21

注重自己及另一半外表、言行舉止，在家時會體貼溫柔，但在朋友面前需要另一半服務做面子的公主。

喜歡被寵愛型
任一格局筆畫含：12、20、29、38、22

天生有受寵命，容易遇到呵護你的另一半，本身也很享受及習慣被捧在手心的感覺。

就是要被服侍型
任一格局筆畫含：24、34、44

覺得男人的服侍是天經地義，吃飯男人要付錢、逛街男人要提包包，不然男人的功能是什麼？

你是哪一類公主？

1. 你有貪睡的習慣嗎？
 · 有──請接著回答題 2
 · 沒有──請接著回答題 3

2. 你能一直保持著心中的理想，永不褪色嗎？
 · 能──請接著回答題 3
 · 不能──請接著回答題 4

3. 有人曾評價你是一個很懂得浪漫的人嗎？
 · 有的──請接著回答題 4
 · 沒有過──請接著回答題 5

4. 你喜歡看雲朵、星星還是月亮？
 · 雲朵──請接著回答題 5
 · 星星──請接著回答題 6
 · 月亮──請接著回答題 7

5. 去電影院你喜歡挑哪裡的座位？
 · 正中間──請接著回答題 6
 · 走道邊──請接著回答題 7

6. 對著猥瑣的人，你會直截了當甚至毫不留情，刻薄他們嗎？
 · 會──請接著回答題 7
 · 不會──請接著回答題 8

7. 你覺得你的性格更貼近哪種動物？
 · 懶散的貓咪──請接著回答題 8
 · 慢騰騰的烏龜──請接著回答題 9
 · 迷茫卻自由小魚──請接著回答題 11

8. 其實你的內心，還是比較看不慣那些俗氣平庸的人嗎？
 · 是的──請接著回答題 10
 · 不是──請接著回答題 9

9.你對服裝有自己比較中意且忠誠的牌子嗎？
· 是的，有──**請接著回答題10**
· 每個牌子都有幾款自己喜歡的──**請接著回答題12**
· 有喜歡的牌子，但穿的都是雜款──**請接著回答題11**

10.你沒事經常搗鼓自己的指甲，塗些指甲油，戴假指甲嗎？
· 是的──**請接著回答題12**
· 不大會──**請接著回答題13**

11.如何處理前任戀人留給你的東西？
· 就這樣放著吧──**請接著回答題14**
· 扔掉──**請接著回答題13**
· 轉送給別人──**請接著回答題15**

12.你對於食物，總是有莫名的好感？
· 是的──**請接著回答題14**
· 不是──**請接著回答題15**

13.小的時候，你有沒有收藏過什麼物品？
· 有過──**請接著回答題16**
· 沒有過──**請接著回答題17**

14.戀愛中一般是你甩別人多還是別人甩你多？
· 甩別人多──**請接著回答題16**
· 被甩多──**請接著回答題17**
· 都差不多──**請接著回答題18**

15.失戀之後，你會萌生離開這座城市的想法嗎？
· 有──**請接著回答題18**
· 沒有──**請接著回答題19**

16.你會不會在夜深人靜的時候，經常莫名其妙產生想哭的衝動？
· 會，但哭不出──**請接著回答題19**
· 想哭的時候可以哭出來──**你是D型**
· 不會想哭──**請接著回答題20**

心理測驗　你是哪一類公主？

17.對於以乞討為生的健全人，你持下面哪種態度？
- 相當鄙視，有手有腳為何不找工作做——請接著回答題18
- 沒有，也許他們有自己的想法吧——你是B型
- 無視，不關心——你是A型

18.下面幾種東西，你最想要哪一種？
- 金錢——你是C型
- 美麗——請接著回答題19
- 幸福——你是E型

19.如果以有限的資金讓你布置房子的一個地方，你會布置哪裡？
- 廚房——你是B型
- 客廳——你是D型
- 臥室——請接著回答題20

20.如果你的腳下有一片野花，你覺得它們盛開在什麼地方？
- 大樹下——你是A型
- 草原上——你是E型
- 山谷中——你是C型

分析在後面唷！>>>>

A 女王型公主

你覺得自己選擇的路就算充滿荊棘,只要認真走過,就算傷痛流血也是一種經驗;也許你會做錯決定,也許努力的結果不盡人意,但是沒關係,你至少學會了承擔失敗的勇氣。通過後天的努力,後天的獨立,成為一位主宰自己人生的女王。

B 做自己型公主

想好好愛自己、想被寵愛、想要得到大家的呵護就是公主病了嗎?很坦然追求自己理想中的一面、理想中的生活,想得到更多的愛,不怕別人眼光勇於追求自己想要的目標,想要的東西一定要得到手。

C 粉紅泡泡公主

渴望有一位白馬王子,堅信著始終有這麼一個人一直在等著你。在愛情方面特別有公主的幻想,多愁善感喜歡戲劇性的事情發生,偶爾有點小虛榮心,注重另一半的外表儀態,在愛情裡似乎活在粉紅泡泡裡。

D 好命型公主

身在一個有愛的環境,還有很多很要好的閨密的你,一定是具有公主命的人。小時候有父母,成長中有朋友,大了後更有你的騎士一直守護在你的身邊。雖然沒有辦法與真正的公主媲美,但是對於一介平民,擁有這麼多的愛也是很幸福的事情了哦。

E 理性型公主

生活中追求公平,不喜歡趨炎附勢,有自己的主見與表達能力。對你來說公主二字並不意味著只能小心翼翼地呵護著,也不意味著一定要穿最好的衣服,用最好的物品……事實上公主的意義,是可以真的有擔當的能力,可以保護自己的子民,可以有大氣的態度與遠見的目光,而不是只懂享受,不懂得付出。

chapter 2

公主命的養成

公主命是一種心境上的境界而不是物質上的豐裕，

只要生活得開心滿足，就會覺得自己像公主般幸福！

經濟不自主

想要的東西靠要求，愛慕虛榮！

經濟自主

走了啦！你的包包很多了。

我沒有錢！我沒錢！沒錢！

我自己可以買！不用麻煩了～～

公主命

犒賞自己好幸福，買單不必看臉色好優雅！

21

經濟不自主

偶爾要求吃好料，還被誤會是公主。

經濟自主

想要什麼自己買單，另一半覺得體貼
自己也有享受到高級服務！

思想不自主

沒主見，好像等著別人想好及伺候。

思想自主

清楚自己想要的！不用對方猜
自己的滿漢大餐好滿足！

思想不自主

別人有什麼就要什麼！沒主見愛比較。

思想自主

不比較不追隨，知足就會感覺幸福。

溝通不理性

北鼻
你心情不好嗎?

沒有!

啊~

北鼻—
到底怎麼了

沒有啦!

有事又不說,等著人來猜。

理性溝通

你這樣說話讓我很受傷欸！

下次怎麼做，你說一次我聽聽。

以後如果⋯⋯我不可以說⋯⋯

登愣！完美男友誕生～

有效溝通，打造只疼你的男友。

公主命

溝通不理性

理性溝通

直接說出心裡話有效率，減少虐心時間當優雅的公主。

識人不清晰

疑神疑鬼，不尊重隱私。

識人清晰

從小地方觀察，找到王子！

公主命

識人不清晰

活在自己世界死纏爛打，
煩人又傷己。

識人清晰

身世好、收入好，不如對自己好。

不聽解釋，拒絕溝通，
強勢要求對方認錯。

善用撒嬌

軟性溝通，對方感受舒服，
不吵不鬧也可優雅達到目的。

公主命

不會撒嬌

窮追猛打、鬼打牆的要求，
讓對方喘不過氣。

善用撒嬌

對方開心陷入圈套，優雅達到目的！

不聽閨蜜忠言

一廂情願好坎坷！

閨密=良臣

聽取多方意見，
不當鑽牛角尖的悲劇女主角。

不聽閨密忠言

我都要求卡爾不管怎樣都要道歉。

哦，可是這樣卡爾不會很委屈嗎？

委屈什麼？寵女友是應該的！

無法溝通，自我為中心，朋友、另一半都好為難。

閨密=良臣

有自己的閨密交友圈，不必受冷落之苦。

chapter 3

各式各樣的公主

公主啾啾妹也並非總是蠻橫不講理，
看看他的天敵木頭腦卡爾怎麼整她！

有時適當的控制
可以讓對方感覺被需要

北鼻～我覺得你要健身耶！

我還是喜歡有線條的。

我也有線條啊！

拋物線～

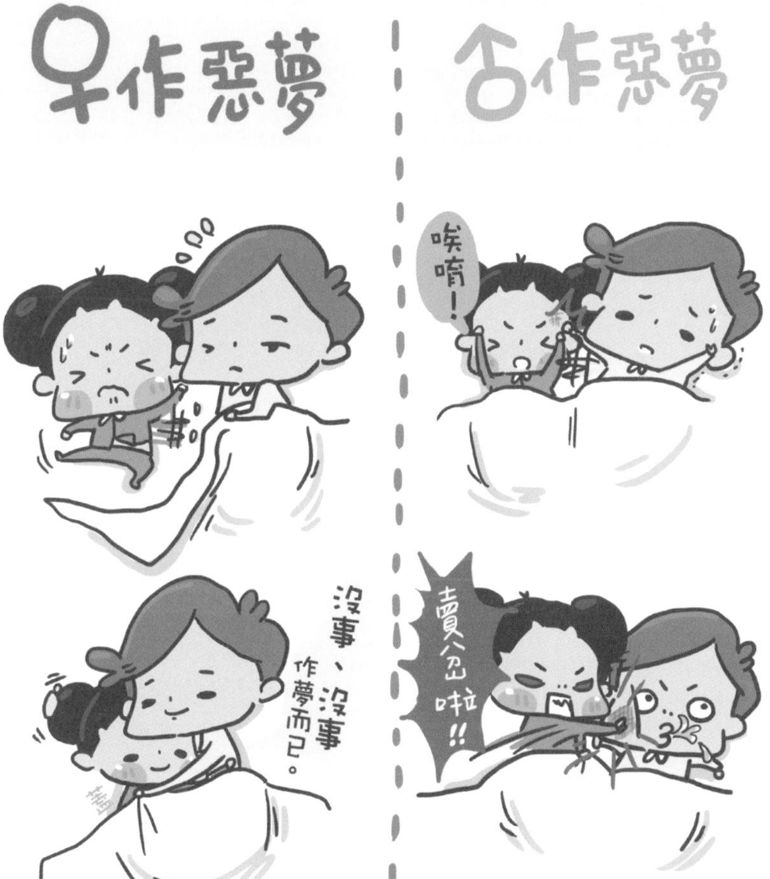
♀作惡夢
♂作惡夢
沒事、沒事
作夢而已。
唉唷！
賣岔啦!!

北鼻我可以跟法拉力哥
出去喝酒嗎？

放下

當然可以呀！
why not !!??

呃...忽然肚子痛

不、不走了

明明國語就可以溝通，
為什麼我們還需要Body Language暗示？

啾啾妹旅遊後...

吃豆腐是男生的專利

值得開心的是
不管發生什麼事
你都不會離開我

交往3個月

交往3年後

專家說：多誇獎你的男人
他會更愛你

北鼻你怎麼那麼棒棒
帥死我了～～

剛好而已啦！
我只用三成功力。

好了！差不多了，
不然你會當真。

可是我就是不習慣他太囂張

雖然你不能陪我會有點失落

但其實偶爾這樣也滿爽的

我不是一定要你回LINE，但以下狀況請秒回！

受委屈的公主

女人撒嬌

男人撒嬌

很適合當老婆的公主

如果你想用時間沖淡一個人的怒氣

那是癡心妄想

口是心非的公主

包包換位術的公主

很怕冷的公主

沒錯！我是公主！

那是因為我運氣好，眼光好

找到一個溺愛我的王子

不代表我就是個任性刁蠻的人

不知道你想起我們的相遇
會不會忍不住微笑

我會 ﹏ﾑ﹏

我對語助詞特別敏感 請注意用詞!

有時候我會嘴硬
傷害到你
其實我心裡也很難過

你真的不理我了？

Q：男友對你好不好？

吵架說出氣話那刻很爽

你不能替我想一點嗎?
這樣一直哄你很累耶...

但可能要花一輩子彌補

北鼻可以幫我拿筷子嗎?

你不能勤勞一點嗎?
這樣幫你拿東西很累耶!

卡爾對付公主

女友陪男友逛街

北鼻，你看這雙好看嗎？

你喜歡的都好看！

男友陪女友逛街

啊…布啦歐嘰嘰……

北鼻，你看這件好看嗎？

愛很奇怪... 什麼都可以生氣

但最後又什麼都可以原諒

你有種放生我
我就有種飛得又高又遠

就不要求我回來！

腦波很弱的公主

你每次都不帶我出去玩!

今天沒有就是每次啦!

哪有每次都!明明上個禮拜就…

生活不如意時會特別想你

想要你秀秀...

有時候你對我好到

我一度以為

我是3歲小孩子…

我幫你準備了
水、護唇膏、行動電源、
耳機、口香糖、頭痛藥…

我只是去
巷口買晚餐耶…

臉書以為它提醒了我美好的回憶

她是誰？

卻給我帶來了不好的回憶

為什麼我的男友總在不該聽話時聽話

你的錢就是公主的錢

套話一流的公主

女友奧義

用反話套出男人的真心話

你會為我改變的嘛～
傻瓜！

北鼻我脾氣那麼差…
你真的忍得了一萬年嗎？

你的意思是
我脾氣真的很差囉!?

你抱怨我最近常發脾氣的時候
有沒有想過⋯

你最近也很白目呀！

愛撒嬌的公主

大姨媽來的公主

睡前親你
半夜抱你
醒來有你

就是我想要的生活♥

聽說會幫女友吹頭髮的是好老公ㄥ

算3、算3！我還是自己來比較快....

怎麼不主動找我？

有時候以為對方冷落自己
其實只是自己太閒了...

有時候越想刻意不在乎的人

反而越關心他的一舉一動

雖然 我有另一半了

但我仍是去死團的一員

每次看到其他情侶閃光
就特別想你…

很多事就算看起來像理所當然
都還是應該懷感恩之♥
不管是……

父母的養育　　　　子女的奉養

朋友的關心　　　　情人的陪伴

就算全世界都院究我
公主病、任性 又刁蠻

乖啦～

只要你懂那是我的撒嬌
　　那就夠了

chapter 4

公主問題一大堆

集結公主啾啾妹愛問的問題，
加上問題分析讓男友們更清楚問題背後的意義。

「你愛我嗎?」
「有多愛?」
「愛多久?」

問題分析:

女孩子問這樣的問題,無他就只是想聽聽你對她說甜言蜜語,
不知道其他女孩是不是跟啾啾妹一樣,好事記不住,壞事記一
輩子,常常只記得男友對她多壞,所以需要三不五時跟男人確
認他還是很愛她的,給她安全感就可以了!

「她正還是我正？」

「她可愛還是我可愛？」

「她聰明還是我聰明？」

（任何人可以拿來跟自己比）

問題分析：

有時候啾啾妹甚至會問卡爾：「雪莉貓可愛還是我可愛？」已經達到吃醋的最高境界！女孩喜歡問這種問題只是想確定自己在男生心目中是完美的女神！

確定不管怎麼樣對方都不會嫌棄自己，不會因為外表喜新厭舊，所以男孩聰明一點不要認真思考她的問題，當然知道林志玲比自己正！但想知道的是另一半是不是愛我愛到不會欣賞別的女生了。

「如果重來一次
你還是會喜歡我嗎？」
「你當初喜歡我什麼？」

（任何當初相遇時你對她的看法）

問題分析：

啾啾妹很愛問這個問題，目的是想確認當時卡爾愛上的是真正的自己，畢竟剛在認識的時候會假氣質裝溫柔，很怕當時的卡爾是喜歡那個假的自己，在一起之後發現自己的真面目就不愛啾啾妹了～所以要一直問這樣的問題確認當初的卡爾不是愛上假的自己。

「如果再一次你還會選我嗎？」
「如果分手你會哭嗎？」
「如果分手你會怎樣？」

（沒有我你會怎樣系列問題）

問題分析：

這種假設性的問題因為不可能真的去實驗所以只好一直問，目的是想知道卡爾如果沒有啾啾妹會多潦倒，而卡爾的回答也最好是能多慘就多慘，最好是沒有啾啾妹的生命就毫無意義，生活過不下去，會過著行屍走肉的日子，聽到這種答案啾啾妹就會心滿意足的放過卡爾：「好啦！那你要對我好一點啦！不然把我氣走怎麼辦。」

「你在幹嘛？」
「你在看什麼？」
「你在跟誰聊天？」

問題分析：

說真的卡爾也覺得這種問題滿無聊的 (呵呵)，算是無聊想跟卡爾聊聊天隨便起個頭的開場白而已，有時候在家兩人做自己的事沉默太久，自己會覺得好像太久沒互動就會隨口問，所以男生也不用太認真回答，但是也不能不回答喔！如果不回答敏銳的女友會覺得你在躲避什麼！反而覺得你有鬼！

▶ 公主問題一大堆

「我剪短好不好？」
「我燙鬈好不好？」
「我染金色好不好？」

（任何跟造型有關的問題）

問題分析：

有時候問這種關於改造型的問題也是想測試卡爾愛的程度，例如知道卡爾喜歡長頭髮的女生，啾啾妹會故意問：「我剪短好不好？」剛開始他會傻傻的回：「不要啦～我喜歡長髮！」啾啾妹就會一直盧他，現在他學聰明了就會回：「你開心就好啊！不管你怎樣我都愛！」一聽到這種答案馬上融化！不再繼續煩他了XD

「我這樣算公主病嗎？」
「我這樣脾氣很差嗎？」
「我這樣很任性嗎？」

問題分析：

有時候卡爾的木頭腦總是不理解啾啾妹要的是什麼？或是她在意的點是什麼的？會露出一副「好啦好啦！你說的都對」的表情，感覺好像是她的要求很不合理，啾啾妹就會覺得更委屈：「明明是你笨！明明是你先做錯事還搞得像我欺負你！」這個時候就會理智線斷掉不斷問他：「我這樣要求很過分嗎？」

「我比你前女友正嗎？」
「我身材比你前女友好嗎？」
「我是你交往過最愛的嗎？」

（任何跟前女友比較的問題）

問題分析：

其實啾啾妹是一個不太在意前女友的人，因為覺得每個人都有
自己的經歷，只要現在卡爾最愛的是啾啾妹就好了，所以卡爾
約會的地方一樣、吃飯的餐廳一樣都可以接受，唯一不能一樣
的就是帶啾啾妹一定要比帶前女友有面子！出門要讓卡爾的朋
友覺得「唉唷！卡爾賺到喔！現在這個比之前那個正喔」這樣
啾啾妹就覺得「我贏了！」（很幼稚XD）

「如果你遇到一個比我……
你還會喜歡我嗎？」

問題分析：

話說啾啾妹刁蠻歸刁蠻，但是也滿有自知之明，知道自己的個性哪裏不好，所以還是會擔心卡爾被其他有著啾啾妹沒有的優點的女生（好拗口）給把走，例如會常問卡爾「如果遇到脾氣很好的」、「胸部很大的」、「講話很溫柔的」、「眼睛很大的」、「很聽話的」……，但卡爾都會一概回覆：「跟你在一起我就不會看其他女生，所以我不會看到她們那些特點。」

這個女主角好有氣質喔！

如果你遇到一個比我溫柔有氣質的你會不會不要我？

「我們什麼時候結婚？」

問題分析：

這個問題應該只有啾啾妹才那麼厚臉皮敢一直問，前提是已經
跟卡爾說好結婚了，只差挑個時間而已，偏偏啾啾妹又是個很
愛照計畫進行的人，什麼事都要有規畫STEP BY STEP的進行，
所以中間在等卡爾求婚的時間，啾啾妹常常沒耐心的問到底什
麼時候結婚啊？不然我不知道怎麼規畫行程耶！

chapter 5

啾啾妹的誕生

啾啾妹與卡爾的相遇過程首次公開！
到底是什麼樣的（孽）緣讓卡爾遇上啾啾妹呢？

第 一 次 相 遇

當時啾啾妹為幫閨密慶生
安排了一趟「香港生日之旅」
身為壽星香港朋友的卡爾與法拉利哥
擔任了當地導遊帶著啾啾妹這群瘋女孩
到處遊玩香港。

第一次的見面
當時啾啾妹對卡爾沒有特別的想法
只覺得他是個體貼的男人，願意大熱天陪我們逛街，
語言不通還是很有耐性。
卡爾也並沒有被啾啾妹的美貌吸引（自己說）
很快的結束香港三天兩夜的旅程
卡爾自告奮勇凌晨5點開車載台灣女孩們
從荃灣到機場
當時卡爾的勤勞跟體貼給啾啾妹
留下很好的印象。

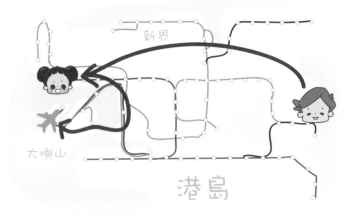

139

刷存在感

啾啾妹回到台灣還保持少女的矜持，
卡爾以「交換照片」之名主動傳訊息聊天，
但是啾啾妹記性太差，常常把卡爾跟其他剛認識的
香港朋友搞混，所以卡爾就發明了一套自我介紹，
每天洗啾啾妹的腦。

你好我是卡爾今年3歲，
興趣看電影運動 你還記得我嗎？

記得了XD

你在做什麼?準備睡了嗎？

是啊~ 可是還沒吹頭髮...懶

你要睡了嗎？

等你吹頭髮，一起睡喔！

^_^

坐沒坐姿的啾啾妹

交換心事

當時卡爾剛結束一段七年的感情，
啾啾妹會在遠遠的台灣給卡爾鼓勵安慰，
啾啾妹承諾卡爾：
「等你準備好下一段感情，我介紹正妹給你。」
（誰會想到最後那個正妹就是啾啾妹 哈哈）

而那時候的啾啾妹是有男友的，
一段長跑快六年的戀情啾啾妹感到傍徨，
不確定自己還愛對方還是只是習慣，
雖然一直感覺彼此少了什麼，
但不忍心傷害對方所以拖著彼此的時間不敢放手，
直到跟卡爾聊天，
聽著他的故事讓啾啾妹想到如果再這樣耽誤下去，
會深深傷害對方就像卡爾一樣可憐，
了解長痛不如短痛與當時的男友和平分開。

被逼著告白

啾啾妹單身後，與卡爾的感情更升溫！

也許是因為兩個人都很懶的關係，

我們兩個人在曖昧時，

沒有你進我退吊對方胃口的招式出現，

每天很穩定的互道早安、聊每天發生的事，

不害臊的啾啾妹還會主動說：「我想你，你想我嗎？」

就這樣卡爾就默默在心裡把啾啾妹認定為女友，

被迫脫離單身的啾啾妹卻不知情，

直到有一天……

「你媽媽知道妳男朋友是香港人嗎？」

「你是我男朋友了嗎？我們在一起了嗎？」

「在一起了啊！」

「我怎麼不知道-.-你又沒告白」

「啾啾妹跟你相處我好開心，是你讓我
有了戀愛的感覺，我喜歡你很懶惰不愛
出去玩讓我放心，我喜歡你很聽話做什
麼事之前都會跟我說，你願意當我女朋友嗎？」

「嗯…… 我考慮看看:D」

啾啾妹常開玩笑這樣的關係像網友，我是
你網婆、你是我網公，畢竟從曖昧到在一
起都沒有見過面，這樣的感情太奇怪了！

第一次見面

在一起前卡爾買了一張機票要來台灣追愛，

礙於當時還沒正式在一起，啾啾妹假矜持的也約了閨密，

規畫了一趟三女一男的南投旅行，

結果撐不到旅行啾啾妹就把持不住的逼卡爾告白了！

在一起後過一個月才第一次見面，

原本幻想第一次以女朋友身分接機，

應該要像電影情節般，眾多人潮就唯獨他最耀眼！

時間像靜止般，我們倆眼裡只有對方！

然後抱在一起擁吻，鏡頭360度繞著我們旋轉，

但因為閨密中只有我會開車，

所以我必須先接完閨密後再去機場接卡爾機。

「如果妳先接機再去接她們呢？」

「我從台北接完她們到桃園機場接完你
直接下南投比較順路耶~」

「好吧…」
「還是我改早一點的機票？」

「那我還是得先接她們呀」

「我們就是沒辦法獨處……」

「誰叫你不早點告白，我就不會約她們了。」

卡爾用盡各種方法想支開啾啾妹的姊妹們，

但還是計畫失敗，

原本應該你儂我儂的接機多了兩個小燈泡。

心很近的遠距離戀愛

每次跟朋友提到我們是兩個國家的遠距離
都會被投以驚訝中帶點憐憫的眼光，
「蛤!?那你們這樣不就很少約會？」
「你們多久見一次？不會很想對方嗎？」
「你不擔心他在那邊亂來嗎？」
「你好獨立喔～～都不會覺得孤單。」

其實在一起前我也沒想過遠距離戀愛會是怎樣，
我耐得住寂寞嗎？會被劈腿嗎？語言通嗎？
也慶幸我腦袋少根筋沒想那麼多嚇自己。

我們固定一個月約會一次，
沒見面的日子除了一整天LINE，
盡可能睡前還會視訊聊天，
其實跟其他情侶沒有什麼不同
別人可能一個禮拜約會1天，
我們集中成一個月約會3～5天。

我覺得安全感可以勝過距離，
卡爾給我很多安全感，讓我即使不在他身邊，
也了解他的家人、工作、朋友們，
因為夠了解彼此，所以就算遠距離也不會胡思亂想。

我們的約定

1. 做錯事即使當下和好了，隔天起床還是要看到超過五行的LINE悔過書。

我覺得女生不開心的時候會有兩個點需要被檢討：

第一：你做錯的那件事

第二：你害她心情不好

每當卡爾惹啾啾妹不開心的時候，

卡爾當下會竭盡所能的道歉裝可愛解釋之類的，

雖然啾啾妹被卡爾逗笑了，

但不能讓卡爾覺得可以這樣開開玩笑含糊帶過！

為了讓每次的爭吵是有收穫的！

卡爾隔天必須正式檢討說明

為什麼做錯事、下次若遇到會怎麼做，

必要的時候還需要提出補償方案。

啾啾妹確定卡爾完全了解她不開心的點，

也確定下次不會再犯了才算結案。

我倆的約定

2.跟朋友出國玩要在當地寄明信片給啾啾妹當情書。

卡爾是個生活緊張的香港人，
每年都會跟朋友、同事規畫出國舒壓之旅。
基本上啾啾妹都不會干涉卡爾太多，
只是看他在國外沒有我還玩的那麼開心就很不爽！
所以為了讓啾啾妹知道
卡爾即使在旅行心都是掛念著啾啾妹的，
他除了會買伴手禮外，在當地還會寫明信片寄給啾啾妹，
現在已經累積了半面牆的明信片！
有時候從字跡看得出來當地的特色，
例如：北海道的明信片卡爾的字跡就會很醜，
因為天氣太冷，凍得手無法正常寫字；
泰國的明信片上就會有潑水節的濕漬……
這樣不只溫暖啾啾妹的心，
也幫卡爾保留了很多旅行的回憶。

卡爾曾問為什麼不是放美美的照片那面？
啾啾妹：「因為裡面的字比較有意義啊！」

我們的約定

3. 睡前多語言的我愛你。

每天視訊的結尾我們都要告訴彼此有多愛對方

（其實是只有卡爾告訴啾啾妹）

「哦矯雷」
（廣東話）　　　　「我也是」

「I LOVE YOU」
（英文）　　　　「我也是」

「愛してる」
（日文）　　　　「我也是」

「我愛妳」
（普通話）　　　　「我也是」

「一百萬年」
　　　　「我也是」

「晚安～」
　　　　「晚安^^」

不要問為什麼是這些語言

純粹是卡爾只會這些語言的「我愛你」

大家好!我是卡爾

收到啾啾妹的消息,有很多粉絲想知道我跟公主在一起的心得,其實我也是第一次和這樣的女孩在一起,覺得很有挑戰性,跟這樣自我意識高的女生在一起最大的好處就是,很多事情我不用動腦,只要安靜跟著啾啾妹就好了(所以才常被說木頭腦吧)。

但也不是所有事情都是啾啾妹作主,如果是比較大的事,啾啾妹還是會跟我討論聽我的意見的。

啾啾妹生氣的時候,我的絕招就是:
先哄她,等她心情好的時候再跟她說大道理。啾啾妹其實也不是蠻橫不講理的人,只是非常吃軟不吃硬,我越強硬她就越拗,所以後來我發現其實只要有耐心的先哄她,她覺得我的溝通態度良好就會聽進我的話,最後也可能反過來低頭承認自己也有不對的地方,這個時候就會知道誰才是這個家的老大(哈哈哈)!

最後要建議男孩們:
不要太執著吵架當下的輸贏,就算贏了也可能傷了你最愛的人,先舉白旗才有談判的空間,這也算是一種策略吧!(笑)

FROM 卡爾

哈囉！我是啾啾妹

很感謝出版社給我這個機會整理啾啾妹跟卡爾的故事，為了這本書我重溫了跟卡爾剛在一起時的照片、對話記錄，感覺好像又戀愛了一次！想起以前經歷過的磨合、吵架、體諒、包容，終於到了今天我們即將步入禮堂！

希望這份幸福可以散播給大家，不管你們現正經歷什麼樣的感情生活，一定要相信最終都會得到幸福的！

書中有一些粉絲團前期的作品，當初在篩選的時候除了感嘆時間飛逝，還有滿滿的感動跟溫暖湧上心頭，謝謝你們從啾啾妹還默默無名的時候就支持我，有你們才有啾啾妹與卡爾，有你們我才有動力繼續創作，最重要的是有你們，我才有理由吵架的時候威脅卡爾：「你再這樣我要畫到粉絲團！讓大家知道你也會欺負我!!」哈哈～（奸笑）

最後再次謝謝各位愛啾啾妹的北鼻們！
我會繼續努力畫出屬於我們也屬於你們大家的故事！

FROM 啾啾妹

謝謝你把我當公主

我是公主命！不是公主病！

圖　　文／啾啾妹—LIIN
經紀公司／微逗國際股份有限公司
美術編輯／申朗創意
企畫選書人／賈俊國

總 編 輯／賈俊國
副總編輯／蘇士尹
資深主編／吳岱珍
編　　輯／高懿萩
行銷企畫／張莉滎‧廖可筠‧蕭羽猜

發 行 人／何飛鵬
出　　版／布克文化出版事業部
　　　　　臺北市中山區民生東路二段 141 號 8 樓
　　　　　電話：(02)2500-7008 傳真：(02)2502-7676
　　　　　Email：sbooker.service@cite.com.tw
發　　行／英屬蓋曼群島商家庭傳媒股份有限公司城邦分公司
　　　　　臺北市中山區民生東路二段 141 號 2 樓
　　　　　書蟲客服服務專線：(02)2500-7718；2500-7719
　　　　　24 小時傳真專線：(02)2500-1990；2500-1991
　　　　　劃撥帳號：19863813；戶名：書蟲股份有限公司
　　　　　讀者服務信箱：service@readingclub.com.tw
香港發行所／城邦（香港）出版集團有限公司
　　　　　香港灣仔駱克道 193 號東超商業中心 1 樓
　　　　　電話：+852-2508-6231 傳真：+852-2578-9337
　　　　　Email：hkcite@biznetvigator.com
馬新發行所／城邦（馬新）出版集團 Cité (M) Sdn. Bhd.
　　　　　41, Jalan Radin Anum, Bandar Baru Sri Petaling,
　　　　　57000 Kuala Lumpur, Malaysia
　　　　　電話：+603- 9057-8822 傳真：+603- 9057-6622
　　　　　Email：cite@cite.com.my
印　　刷／韋懋實業有限公司
初　　版／2017 年（民 106）2 月　　2019 年（民 108）4 月 18 日初版 9.5 刷
售　　價／280 元
I S B N ／978-986-94281-5-6

城邦讀書花園　布克文化
www.cite.com.tw　www.sbooker.com.tw